LE
CÉDRE DU LIBAN,

ALLÉGORIE ORIENTALE,

Présentée, le 1.er Janvier 1817, à Messieurs de la Société des Missionnaires de France, prêchant à Poitiers ;

Et suivie d'une Épître en vers à M. l'Abbé de Forbin-Janson, en lui adressant cette Allégorie, accompagnée de deux Notes convenables à l'instruction de la Jeunesse ; l'une, sous le n.º 3, relativement à l'opinion de Newton et d'Euler sur la Révélation ; et l'autre, sous le n.º 4, sur la grandeur et la nécessité de la Prédication évangélique.

Il est temps de parler, quand le temps est venu de ne point se taire.

S. Hilaire, *év. de Poitiers, dans son premier écrit à l'emp. Constance.*

A POITIERS,
CHEZ CATINEAU, IMPRIMEUR-LIBRAIRE.
1817.

Cette petite Brochure se vend cinquante centimes, et le produit en sera remis fidellement à M. le Curé de Sainte-Radegonde, pour en faire l'aumône qu'il jugera à propos.

AVERTISSEMENT.

Un homme qui, par d'excellens ouvrages en morale, en législation et en politique, s'est placé au rang des meilleurs esprits de ce siècle, a dit, en jugeant une célèbre traduction de la *Bible* : (1) « Notre littérature
» est redevable aux livres saints de ce qu'elle
» a de plus parfait en poésie, les tragédies
» d'Esther, d'Athalie, les odes sacrées de
» Rousseau. Cependant l'étude de ces livres,
» comme monument littéraire, était pres-
» que inusité, même dans l'ancienne instru-
» ction publique. » Puis il ajoute :
« L'Angleterre, qui doit à la *Bible* son
» *Milton*, n'a pas été si ingrate. C'est aux
» livres saints que *Blair*, dans sa Rhétorique,
» a recours pour trouver des exemples de
» sublime, lorsqu'il veut en citer : il ne

———

(1) Voyez dans le n.º 31, décembre 1806, des Archives littéraires de l'Europe, une dissertation de M. B*******, de l'Académie royale des inscriptions et belles-lettres, sur les beautés littéraires de la *Bible*.

» pouvait puiser dans une source plus abon-
» dante. Il a un chapitre entier sur la poésie
» des Hébreux, où il copie le traité du
» docteur *Louth*, évêque de Londres, sur
» cette matière. » (2)

Depuis douze ans que nous sommes chargés de professer ici le cours d'éloquence, nous avons eu soin, comme on peut le voir dans nos élémens de rhétorique, et sur-tout dans nos leçons données jadis à l'Académie, de faire valoir comme nous le devions les beautés incontestables de la Bible sous le rapport de l'éloquence et de la poésie, non-seulement pour offrir de parfaits modèles de sublime à nos élèves, mais encore pour leur apprendre à mépriser profondément et en connaissance de cause les sarcasmes injustes lancés contre les livres saints par l'ignorance ou la mauvaise foi.

(2) Le traité du docteur *Louth*, évêque de Londres, a été fort bien traduit par un des membres les plus distingués de notre université de France; et, comme il importe de faire connaître à la jeunesse un bon ouvrage de plus, nous aurons soin de donner bientôt une analyse de ce traité-là dans le Journal de ce département.

C'est pour leur rendre encore le même service que nous les invitons aujourd'hui à suspendre pour une demi-heure seulement l'étude des classiques d'Athènes et de Rome, pour lire une allégorie très-morale que la tradition orale des Juifs nous a heureusement conservée dans les commentaires sur le Talmud, et que le savant *Basnage de Beauval* attribue à *Isaïe.*

Il s'agit dans cette parabole de faire comprendre et sentir au peuple juif tout le malheur qui lui arriverait infailliblement, si jamais il avait celui de manquer de respect et de fidélité aux lois révélées.

Comme un sujet aussi important nous a paru d'un genre propre à faire sentir aux bons esprits de la génération naissante leur grand devoir et leur véritable intérêt, nous l'avons esquissé rapidement en vers, en prenant la liberté d'user de quelques expressions que nous avons eu soin de souligner, et qui appartiennent à Racine, à Lefranc de Pompignam et à Laharpe ; car on sait que ces écrivains étaient remplis de la lecture des prophètes, et sur-tout d'Isaïe.

Si nous avions pu avoir par-tout dans

notre travail de pareils auxiliaires, il est probable que notre traduction représenterait beaucoup mieux les beautés de l'original : cependant, vu la noblesse et l'importance de la matière, nous avons osé croire que ce petit ouvrage, tout imparfait qu'il est, ne serait pas absolument indigne d'être offert en hommage, au nom des bonnes études, aux hommes vénérables qui, dignes continuateurs du ministère d'Isaïe, annoncent ici avec autant de force que de succès ce grand et salutaire principe des prophètes et de l'Evangile : « C'est que les
» sociétés et les royaumes ne seront pai-
» sibles et heureux, que lorsque les peu-
» ples et leurs chefs seront bien instruits des
» dogmes de la religion révélée, et qu'ils
» seront bien fidelles à pratiquer les vertus
» qu'elle inspire et qu'elle commande. »

LE CÉDRE DU LIBAN,

ALLÉGORIE ORIENTALE,

Présentée, le 1.er Janvier 1817, à Messieurs de la Société des Missionnaires de France.

Sur le Liban un Cédre vénérable
Elançait vers le Ciel ses superbes rameaux;
Près de cet arbre auguste, à nul autre semblable,
Tous les autres n'étaient que d'humbles arbrisseaux.
Cependant de cet arbre une branche ÉTOURDIE
Se dit, un jour : « Sortons de l'état rigoureux
　» Qui me retient à ma tige asservie;
» Créons-nous un destin plus grand et plus heureux :
» Vive la liberté, l'objet des nobles vœux!
» Que ma vie aujourd'hui soit par elle embellie. »
Dans ces hardis pensers dont son ame est ravie,
La branche exécutant son projet dangereux,
Se détache aussitôt du tronc majestueux
　Qui lui donnait la parure et la vie.
De la branche voici quel fut le triste sort :
Chaque jour devenant plus faible et plus flétrie,
Loin de sa tige heureuse elle trouva la mort.

Près d'elle cependant résidait un Prophète ;
Le Ciel l'avait choisi pour publier ses lois,
Le peuple pour l'entendre accourait à sa voix.
Un jour, que du Très-haut ce fidelle interprète
Devait, selon l'usage ANTIQUE ET SOLENNEL,
Célébrer le retour de l'heureuse JOURNÉE
Où SUR LE MONT SINA la loi fut révélée
Par le Ciel et Moïse au peuple d'Israel,
Isaïe, en ce jour d'éternelle mémoire,
Entraînant sur ses pas son nombreux auditoire,
Le conduit au Liban, à ces lieux respectés
Où des cèdres touffus les bras entrelacés
Formaient sous leur feuillage un vaste sanctuaire
A ce Dieu, le vrai Dieu qu'un saint peuple révère.
C'est là que le Prophète aperçut les débris
De la branche mourante au pied du Cèdre auguste.
L'Esprit saint tout-à-coup éclairant ses esprits,
Il s'écrie aussitôt : « Peuple, le Ciel est juste ;
» Oui, ce Cèdre est vengé des injustes mépris
» Que lui fit éprouver une branche coupable.
» Sachez que tel sera le sort inévitable
» Du peuple qui renonce à la loi du Seigneur ;
» En perdant ses vertus il perdra sa splendeur.
» Errant à tous les vents des funestes maximes,
» Tombant de crime en crime et d'abyme en abymes,
» Des peuples pervertis il subira le sort ;

» Hélas ! au Juste même il donnera la mort.
» Dans cet affreux désordre IL NOMMERA SAGESSE
» Les lois et les excès de sa terrible ivresse.
» Pour calmer les remords qui suivent les forfaits,
» C'EST ALORS QU'ON VERRA CE QU'ON NE VIT JAMAIS.
» On verra des mortels égarés dans leur rage,
» Mêler l'affreux blasphème au plus affreux langage.
» O honte ! on les verra venir dans le saint lieu
» Dire que l'univers peut se passer d'un Dieu ;
» Mais Dieu, prenant enfin lui-même sa défense,
» Fera sur ces ingrats descendre sa vengeance :
» Par son ordre aussitôt l'Ange exterminateur,
» Des justices du Ciel terrible exécuteur,
» Versant du haut du Ciel les FLOTS DE SA COLÈRE,
» Couvrira ces ingrats de honte et de misère.
» Par lui les châtimens l'un à l'autre enchaînés,
» Tomberont sur ce peuple à grands coups redoublés :
» Malheureux dans la paix, malheureux dans la guerre,
» Il sera le jouet du reste de la terre.
» Pour combler ce malheur par d'autres châtimens,
» L'Ange exterminateur armant les élémens,
» Fera partir du nord les FRIMAS HOMICIDES,
» Et frappera de mort sur des sillons arides
» Ces germes nourriciers, ces épis précieux
» Que doivent les mortels à la bonté des Cieux.
» Sur des coteaux maudits une vigne stérile

» N'offrira pour tout fruit qu'une feuille inutile.
» C'est ainsi que le Ciel, juste dans ses rigueurs,
» Des peuples sans vertu punira les erreurs.
» Israël, prévenez l'excès de ces misères;
» Adorez donc le Dieu qu'ont adoré vos pères,
» Sous le joug de ses lois captivez votre cœur;
» Là seul vous trouverez la gloire et le bonheur.
» Vénérez, aimez donc la raison éternelle
» Qui dans nos livres saints fait entendre sa voix :
» De la terre et du Ciel tous les biens à-la-fois
» Vous viendront avec elle.
» Gouvernés par vos mœurs bien plus que par vos lois,
» En méritant ainsi d'avoir les meilleurs Rois,
» Des peuples les plus grands vous serez le modèle.

Populus sapiens, gens magna.

Un peuple moral et sage, voilà une nation grande et illustre.

Moyses in Deteuron., ch. 4, v. 6.

A MONSIEUR

L'ABBÉ DE FORBIN-JANSON,

EN LUI ENVOYANT LES VERS PRÉCÉDENS.

Apôtre de ce Dieu qu'annonçait Isaïe,
Toi qui par tes vertus illustres ta patrie,
Cette patrie heureuse où naquit Massillon ;
Toi qui, pour ramener les beaux jours de Sion,
Viens avec le flambeau de tes aïeux célèbres (1
De la nuit des erreurs dissiper les ténèbres,
Qui pourrait n'être pas sensible à tes bienfaits !
Qui pourrait s'affranchir de la reconnaissance,
Quand ton zèle pieux prépare pour la France
Et le règne des mœurs et celui de la paix !
Les Muses, trop souvent par la force asservies, (2
Avec douleur ont vu les plus nobles génies
Célébrer des travaux suivis d'affreux malheurs.
Par le Ciel détrompés, abjurons ces erreurs ;
Et prenant dès ce jour cette lyre divine,
Que l'on vit dans les mains du fils du grand Racine,
De l'Evangile saint célébrons la grandeur.
Donnez, donnez des fleurs ; que la France chrétienne

Couronne de sa main le Christ législateur;
Sa morale et ses lois donnent le vrai bonheur ;
Pour le repos du monde, ah! que son règne vienne!
Sur le marbre et l'airain, et sur-tout dans nos cœurs,
Gravons, gravons ces mots de vérité profonde :
Oui, l'Evangile seul peut affermir ces moeurs, (3
Ces moeurs qui font la gloire et le repos du monde.
Vous qui gravez si bien ces mots dans tous les cœurs,
Renouvelez ici la divine alliance
Que Dieu fit autrefois avec tout Israel ;
Que par vos soins pieux bientôt toute la France
N'offre plus en tous lieux qu'une famille immense,
Qui, chrétienne, s'embrasse aux yeux de l'Eternel!
En servant la morale et la France et le Ciel, (4
De vos nobles aïeux vous obtiendrez la gloire,
Vous serez auprès d'eux placé dans notre histoire,
Car les grandes vertus rendent l'homme immortel.

B........

NOTES.

1) Viens avec le flambeau de tes aïeux célèbres,
De la nuit des erreurs dissiper les ténèbres.

On sait assez que la famille des Forbins est une des plus illustres de la Provence, puisqu'elle a donné à l'Eglise un cardinal, grand-aumônier de France, et dans sa personne un ambassadeur habile qui, pour le bien de l'Allemagne entière, fit élire roi de Pologne le fameux Sobieski, et qui, après son ambassade de Pologne, vint terminer à Rome des affaires très-délicates, à la satisfaction de deux Papes et de Louis XIV : on sait également que cette même famille a donné à la marine française un chef d'escadre célèbre par ses mémoires et par trois victoires sur les flottes anglaises. Mais ce qu'on sait moins peut-être, c'est que le cardinal de Janson avait un neveu qui, après avoir servi avec beaucoup de distinction sous le maréchal de Catinat, et après avoir été blessé grièvement à la bataille de la Marsaille en 1693, fit vœu d'aller mourir à la Trappe. Ce vœu fut accompli ; mais, comme ses hautes vertus et ses lumières l'appelaient ailleurs, on obtint de lui qu'il irait à Buonsolazzo en Toscane pour y faire revivre l'esprit primitif de Cîteaux : c'est là qu'il mourut saintement. Voyez sa vie écrite en Italien.

2) Les Muses, trop souvent par la force asservies.

Pour bien comprendre toute l'étendue et aussi toutes les limites que nous désirons donner au sens renfermé dans ce vers, il est absolument nécessaire de rappeler ici qu'à l'époque où l'on vit paraître celui qui jamais n'aurait eu à craindre les regards et les jugemens de la postérité, si, après avoir servi la France par sa valeur, anéanti les faetions et l'anarchie, relevé les autels, les lois, les beaux arts et le trône, il y eût rappelé le chef de l'auguste maison à laquelle il devait son éducation ; trop heureux d'être avec cette gloire, non un empereur, mais le premier des hommes!... A cette époque, dis-je, où parut celui qui vint se placer avec tant de fracas sur le trône de Charlemagne et de Louis XVIII, pour ne plus y représenter à la fin que le géant dont parle *Quinte-Curce*, qui d'une main voulait tenir l'Orient et de l'autre l'Occident, il fut ordonné alors à presque tous les fonctionnaires publics que son éloge serait fait à des solemnités désignées ; et de là tous les panégyriques que nous entendîmes si souvent par-tout dans nos académies, et même dans les temples. À tout cela je ne ferai qu'une réflexion bien simple ; car je dirai que ceux-là furent heureux du moins, qui mêlèrent toujours à leurs louanges des vérités utiles et des leçons courageuses. Malgré qu'il ne nous appartienne en aucune manière de donner des leçons aux puissances, attendu que ce genre de pédantisme ne convient bien qu'à J.-J. Rousseau et à ses nombreux imitateurs, cependant, puisqu'il faut l'avouer, nous conviendrons que nous avons eu quelquefois ce mérite ou ce ridicule ; mais voici comment : Par exemple, lorsqu'il nous fut prescrit, ainsi qu'à tant d'autres, de célébrer et de faire célébrer la naissance de cet enfant que l'on appelait alors le Roi de Rome, nous ne craignîmes pas de dire et de faire imprimer que si jamais la Providence destinait cet enfant à régner, sa véritable gloire devait être d'abord

> De ramener enfin ces temps si révérés
> Où Rome, revoyant ses pontifes sacrés,
> Joignait à ce bonheur une gloire nouvelle,
> Alors qu'un Charlemagne, à sa gloire fidelle,
> Relevait à-la-fois de sa puissante main
> La chaire de saint Pierre et l'empire Romain,
> Et signalait ainsi sa grandeur immortelle.

Remarquez, je vous prie, que cela s'imprimait ici, signé de nous, précisément à l'époque où l'on avait l'impolitique absurde de vouloir ôter de Rome, c'est-à-dire de son antique et auguste berceau, le *centre de l'unité catholique*, d'inquiéter, d'alarmer le clergé français dont on avait besoin plus que jamais ; et cela en frappant le Pasteur suprême, sans doute pour le récompenser de tous les sacrifices énormes qu'il avait été forcé de faire, comme tant d'autres chrétiens ses enfans, à la malignité implacable des circonstances. Or, il nous semble que ce langage, qui, à cause de nos fonctions, pouvait être déféré à un homme qui n'aimait pas à être contredit, ou bien à ses agens, qui, pour la plupart, n'étaient pas trop commodes, n'était pas absolument sans courage. Il nous semble aussi qu'il était dans les vrais principes ; car il tendait à faire remarquer peut-être que le Charlemagne nouveau s'écartait beaucoup trop du profond génie de l'ancien Charlemagne, lequel, en protégeant avec tant de grandeur le souverain Pontife et avec lui le clergé romain, allemand et français, et en le renfermant avec une fermeté toute religieuse dans ses fonctions importantes et sacrées, fesait voir par cette conduite qu'il en savait un peu plus sur des points capitaux, dans son siècle barbare, que *Buonaparte* et ses conseils dans leur siècle tout brillant de lumières. Il nous semble enfin que ce langage valait bien autant que celui de ces flatteurs irréfléchis qui, selon la judicieuse observation de *Tacite*, louent tout dans les princes, *le mal comme le bien*, et qui les précipitent ainsi à leur ruine. Mais aussi, comme notre opinion relativement au respect que l'on doit à la chaire de S. Pierre ou au siége de Rome, n'était pas alors très à la mode, elle nous valut une persécution sourde qui se fesait sentir de près et de loin, et qui probablement ne se serait pas adoucie, si de certains systèmes avaient prévalu il y a dix-huit mois. On doit voir maintenant que l'on ne s'est permis de faire cette note-ci et d'entrer dans tout ce détail, que pour démontrer que la doctrine qui règne dans notre hommage adressé à MM. de la société des missionnaires de France, est en accord parfait avec celle que nous avons professée dans des temps épineux et difficiles ; qu'il nous soit donc permis d'observer encore ici que cette doctrine n'est pas du moment. A l'époque de 1792, temps où l'on fit le singulier rêve qu'un État pouvait se passer de clergé, et même des tables de la loi révélée, nous osâmes soutenir aux novateurs qui essayaient d'accréditer cette belle découverte, que plus on parlait à un peuple de ses droits, plus il fallait lui parler aussi de ses devoirs ; que plus on lâchait la bride à la liberté, plus il fallait maintenir des modérateurs habiles ; et que plus on exposait le vaisseau à l'orage, plus il fallait le munir d'une ancre de la trempe la plus forte, et nous conclûmes qu'il fallait conserver comme la *prunelle de l'œil* un clergé honoré et honorable, c'est-à-dire, une magistrature du premier ordre, imposante et utile par ses lumières, vénérable par ses vertus apostoliques, respectant les droits légitimes de la puissance temporelle, mais d'une puissance temporelle qui, à son tour, pour conserver l'union, respectât aussi les droits légitimes et sacrés du sacerdoce : c'est dans cet esprit que nous rédigeâmes nos *Observations sur l'instruction cléricale ou l'enseignement des séminaires*. Cet ouvrage, qui fut imprimé en 1792, et qui, à cette époque, pouvait nous exposer à partager à Paris le sort de toute notre famille qui était incarcérée dans le département de Vaucluse, n'en parut pas moins au comité d'instruction publique. M. de Laharpe ayant eu connaissance de cet ouvrage, ainsi que de notre réfutation du plan d'éducation nationale de Mirabeau, daigna en parler, mais rapidement, à cause des circonstances, dans le feuilleton de son Journal, mais cependant avec des éloges que nous dûmes sans doute à l'amitié dont il nous a toujours honoré ; mais, comme il n'était pas encore bien converti à cette époque, il tempérait ses éloges en nous disant que nos vues sur l'instruction publique se ressentaient un peu trop de l'habit que nous avions porté. Eh! quel était donc cet habit que d'ailleurs M. de Laharpe estimait beaucoup? c'était celui qui, dans les beaux jours de la congrégation de l'Oratoire, avait été porté par des hommes qui ont rendu les plus grands services à la religion, aux sciences et aux belles-lettres. M. de Laharpe avait trop lu Bossuet pour ignorer que ce grand homme avait dit « que » l'Oratoire était une société libre où l'on ne fesait d'autres » vœux que ceux du baptême, où la piété était éclairée, » le savoir modeste et utile... » M. de Laharpe n'ignorait pas non plus que le président Hénault, qui avait été quatorze ans dans cette congrégation, se trouvant, un jour, chez la reine, dont il était le lecteur, Louis XV lui dit: Croyez-vous, M. le président, à tout le bien que l'on me dit quelquefois de la congrégation de l'Oratoire? « Sire, » lui répondit le président Hénault, cette congrégation » est composée d'hommes bien singuliers; ils emploient » les revenus de leur patrimoine pour élever gratuitement » la jeunesse de votre royaume, afin d'apprendre à vos » Français une vérité qu'ils ne comprennent pas trop » bien encore : c'est qu'après le clergé, l'instruction pu- » blique est une des magistratures les plus importantes, » puisqu'elle est destinée à former des sujets pour toutes » les autres...... En ce cas, dit le Roi, ces hommes » dont vous me parlez sont les meilleurs sujets de mon » royaume : je pense qu'il n'est pas nécessaire de leur » envoyer des lettres de noblesse; car assurément ils » l'acquièrent tous les jours par leurs services. » Enfin M. de Laharpe savait très-bien encore que le même président Hénault, après avoir déploré, en présence de beaucoup de membres de l'académie française, ses confrères, les ravages que fesaient les systèmes erronés de beaucoup d'encyclopédistes, dit, en s'adressant à M. de Foncemagne, alors de l'académie française et des inscriptions et belles-lettres : « Mon cher Foncemagne, laissons dire les génies

» du moment et d'un moment, et nous, remercions la Pro-
» vidence de nous avoir fait apprendre à l'un et à l'autre
» dans une congrégation respectable qu'on n'est point
» précisément ou savant, ou homme de lettres, pour
» avoir beaucoup lu ou écrit; mais que, pour être digne
» de ce double titre, il faut non-seulement ne pas égarer
» l'esprit de son siècle, mais il faut encore le rendre
» meilleur par ses livres. » Il nous semble qu'une congrégation qui avait conservé en général cet excellent es-
prit-là jusqu'au moment de sa destruction, méritait bien,
comme tant d'autres, d'être conservée : c'était du moins
l'avis d'un Anglais, homme d'État, de plus protestant,
et qui, en parlant de la suppression des congrégations
religieuses, s'exprime ainsi dans ses Considérations sur la
Révolution de France, pag. 337 : « Les institutions reli-
» gieuses furent le fruit de l'enthousiasme du bien; elles
» pouvaient être par conséquent les instrumens de la
» sagesse... Il n'est pas au pouvoir même des législateurs
» les plus sages de créer des matériaux : ils sont le produit
» de la Nature et de la Providence. Le mérite de la sa-
» gesse humaine est de savoir les apprécier et mettre en
» œuvre... C'est pourquoi ils ne méritent pas un rang bien
» élevé, ni même d'être cités au nombre des hommes d'État,
» ceux qui, ayant à leur disposition absolue la direction
» d'un pouvoir qui pouvait être si utile par sa disci-
» pline, son régime habituel, la tradition des bons prin-
» cipes, et même par ses richesses, n'ont pas su en faire
» usage et le conserver. »

Il est vrai que les administrateurs actuels de l'Université de France sont disposés plus que jamais à combler
le vide laissé par la suppression des congrégations en-
seignantes; mais cela n'empêche pas que *Burke* n'ait bien
dit ce qu'il a dit.

Au reste, en rapportant l'opinion de cet Anglais sur
les fautes commises par l'assemblée nationale de 1792,
on n'a point eu le dessein de réveiller le moindre res-

sentiment contre qui que ce soit; car une intention de ce genre ne serait assurément ni bien chrétienne, ni bien généreuse en ce moment. On n'a prétendu dire qu'il ne faut jamais détruire, sans être sûr de pouvoir réédifier : à cela il faut ajouter encore que beaucoup d'hommes, à cette malheureuse époque, ont péché en grande partie par une suite de cette légéreté si naturelle à notre nation, qui leur fesait croire que les fonctions législatives étaient très-faciles... Assurément, quand il s'agit de les bien remplir, elles ne le sont guère en aucun temps; mais, en 1792, elles étaient si effayantes, qu'elles auraient intimidé le génie réuni du chancelier de l'Hospital, de Sully, de Colbert, de Bossuet, du maréchal de Catinat, de Fénélon, de Domat, de d'Aguesseau, et même de Montesquieu; et voilà cependant les législateurs qui étaient nécessaires ! Heureuse la France, si elle avait pu, en les ayant, avoir aussi beaucoup de Français capables de les comprendre ! Par ce moyen on aurait vu briller une lumière qui aurait tout éclairé, au lieu de tout brûler; on n'aurait pas tout renversé sous prétexte de tout réformer; on aurait ramené doucement la monarchie de ses abus à ses anciens et sages principes, à-peu-près comme l'on guérit certaines maladies en renvoyant le malade reprendre l'air natal; enfin on eût évité, comme l'a dit un homme plein de jugement et d'esprit, de réaliser cette fable terrible d'Ovide, où des filles imprudentes, sous prétexte de former un tempérament nouveau à leur père, le coupèrent en morceaux et le firent bouillir dans une chaudière. Mais laissons ces temps d'erreurs, de décadence et de mort, pour tourner nos regards vers des jours de résurrection et de croissance: tâchons d'en jouir avec sagesse sous les auspices augustes de la Morale et de la Religion qui les ramène sous un Prince, le seul réformateur qui, depuis 1789, ait établi la vraie liberté en France; qui a fait sans doute tout le bien que l'esprit de son siècle a pu lui permettre de faire; qui a reconquis irrévocablement tous les cœurs, qui, il y a dix-huit mois, ne connaissaient pas toutes ses intentions paternelles, et qui enfin fera dire un jour à l'histoire ce que Tacite disait de deux princes de son temps : Nerva César a su réunir ce que l'on croyait incompatible, la souveraineté et une sage liberté. Trajan rend tous les jours l'autorité plus douce et plus aimable. *Nerva Cæsar res olim dissociabiles miscuit, principatum ac libertatem. Vita Agricolæ.*

3) Oui, l'Evangile seul peut affermir ces mœurs,
Ces mœurs qui font la gloire et le repos du monde.

Voilà ce que dit mot pour mot *Newton* au docteur Clarke, son élève et son ami, le jour où ce profond raisonneur venait de prêcher à l'église de Saint-Jacques de Londres, son fameux sermon sur la vérité et la certitude de la révélation chrétienne, en présence de la société royale de Londres, dont *Newton* était alors président.

On cite ici de préférence l'opinion de cet Anglican célèbre, pour ceux qui sont assez singuliers ou assez difficiles pour ne pas trouver assez imposante sur cette matière l'autorité de tous ces esprits du premier ordre qui depuis les apôtres jusqu'à nos jours ont été l'ornement de l'Eglise catholique. Malgré que la jeunesse, pour qui cette note est faite, soit disposée sans doute à se diriger par une aussi grande autorité, cependant nous croyons devoir l'inviter à se bien pénétrer de l'opinion de *Newton*, qui vient d'être citée, et sur-tout à lire avec soin la fin de son éloge par Fontenelle ; elle y verra que ce grand homme lisait chaque jour l'Ecriture sainte, et qu'il croyait à la révélation.

Euler pensait et agissait de même ; *Euler*, dont Condorcet a dit en fesant son éloge à l'académie des sciences : « Ce grand homme a mérité de tenir jusqu'à la fin de ses » jours le sceptre des hautes sciences dans le Nord, parce » qu'il était un des hommes les plus grands et les plus ex-

» traordinaires que la nature eût produits. » L'idée étant venue à une illustre princesse d'Allemagne, aussi célèbre par sa beauté que par l'élévation de son ame, de demander à *Euler*, si l'on pouvait s'assurer autrement que par la foi, de la vérité de la révélation, voici quelle fut la réponse de ce grand homme : (*) « La révélation est pour ma raison
» un fait certain et divin; parce que je lui trouve un cara-
» ctère céleste qui n'appartient qu'à elle seule.

» En effet, elle seule fait connaître à l'homme sa vé-
» ritable origine, sa fin et ses devoirs; elle seule lui ap-
» prend où réside la véritable grandeur et la solide fé-
» licité, en lui apprenant qu'elle ne réside que dans la
» perfection de notre volonté, c'est-à-dire dans l'accom-
» plissement des lois divines. »

Newton, qui avait déjà soutenu en Angleterre la même doctrine, ajoutait seulement, en parlant aux incrédules de son temps : « Voulez-vous, Messieurs, une fois pour toutes,
» faire un acte de raison; accordez-nous du moins que
» la révélation est certaine, par cela seul qu'elle était né-
» cessaire afin de conserver, d'étendre, et sur-tout de
» perfectionner les lois naturelles; ensuite, quand vous
» serez arrivés à cette opinion si digne d'un excellent es-
» prit, daignez alors ne pas nous regarder comme des
» esprits faibles et absurdes, si nous croyons qu'il est dans
» le caractère d'un Dieu juste et bienfesant d'avoir voulu
» perfectionner l'homme et le rendre heureux. Or, comme
» il ne pouvait le perfectionner et le rendre heureux qu'en
» le rappelant à lui et à la vertu par les lois révélées, il est
» très-vraisemblable, ah! que dis-je? il est certain, il m'est
» démontré que Dieu nous a donné la révélation, d'abord

(*) *Voyez*, pour l'opinion de Newton sur la révélation, les œuvres mêlées de Clarke, tome 2.e ;

Et pour l'opinion d'Euler sur le même sujet, Défense de la Révélation contre les Esprits-forts, par M. Euler.

A Paris, chez Adrien Lecelre, quai des Augustins, n.° 59.

» par Moïse, et ensuite par celui devant qui doivent s'a-
» néantir et tous les prophètes et tous les sages de la
» terre, puisqu'il est la parole de Dieu même. »

O vous! jeunes gens estimables, qui avez eu le bonheur de conserver dans toute sa pureté et son énergie ce sens moral que l'on appelle conscience et droite raison, demandez-vous dans ce moment quel était celui qui publiait d'une manière si ouverte, si ferme, si décidée, sa croyance à la révélation chrétienne? C'était ce même homme que son génie avait déjà placé sur les hauteurs de la plus sublime géométrie, qui, par la trempe de son esprit, n'admettait rien sans un profond examen et sans démonstration ou évidence; c'était ce grand homme qui avait connu les lois primitives, jusque alors cachées, de la construction générale de l'univers; qui avait deviné bien certainement quelles forces retiennent les planètes et les mondes dans leur orbite, et qui, doué d'un aussi puissant génie, pouvait connaître apparemment quelles lois sont les meilleures, ou des lois naturelles ou des lois révélées, pour retenir l'homme dans son devoir. En un mot, quel était celui qui parlait ainsi sur la nécessité et l'importance de la révélation? C'était cet homme dont Voltaire avait placé le portrait dans le lieu le plus fréquenté de son château de Ferney, et qui disait, en s'arrêtant d'admiration devant lui : « Oui, si tous les génies qui ont illustré et
» éclairé l'univers étaient rassemblés, c'est Newton seul
» qui serait digne de mener la troupe. »

Pourquoi donc Voltaire, en pensant si bien de Newton, ne s'est-il pas honoré d'avoir ses opinions religieuses? S'il avait eu la sagesse de les partager, quelle gloire pure n'aurait-il pas ajoutée à cette vaste renommée qu'il s'est d'ailleurs acquise par l'universalité et le charme extraordinaire de ses talens! Ah! c'est alors que, religieux, en homme sage comme il devait l'être, il eût rejeté comme indigne de son génie et de son amour pour l'ordre public ce grand nombre d'opinions hasardées, de systèmes ouvertement impies, de traits satyriques, insolens et criminels contre les livres saints, dont il a souillé si souvent ses ouvrages et sa gloire littéraire, et c'est alors qu'il n'aurait pas forcé ses amis les plus estimables, tels que Laharpe, par exemple, à quitter ses drapeaux, et à dire de lui ce qu'on va lire dans les vers suivans que l'on cite ici, parce qu'on ne saurait trop les mettre sous les yeux de cette jeunesse qui est si avide de lire Voltaire avant d'être bien prémunie contre ses erreurs.

Ceint de tous les lauriers, fait pour tous les succès,
Voltaire a de son nom fait un titre aux Français ;
Mais qu'il nous vendit cher ce brillant héritage,
Quand, libre en son exil, rassuré par son âge,
De son fougueux esprit l'essor indépendant
Prit sur l'esprit du siècle un si haut ascendant ;
Quand son ambition, toujours plus indocile,
Prétendit détrôner le dieu de l'Evangile !
Voltaire dans Ferney, son bruyant arsenal,
Secouant sur l'Europe un magique fanal,
Que, pour embraser tout, trente ans on a vu luire,
Par lui l'impiété, puissante pour détruire,
Ebranle d'un effort aveugle et furieux
Les trônes de la terre appuyés dans les cieux.

Ici M. de Laharpe renforce ses pinceaux pour nous peindre Voltaire prenant toutes les formes et tous les tons du style le plus séduisant pour mieux répandre son fertile poison ; puis il ajoute : Oui, ce protée..........

Impose à l'ignorance, insulte à l'homme instruit ;
Il sait jusqu'au vulgaire abaisser son esprit,
Faire du vice un jeu, du scandale une école.
Grâce à lui, le blasphème, et piquant et frivole,

Circulait embelli des traits de la gaîté.
Au bon sens il ôta sa vieille autorité,
Repoussa l'examen, fit rougir du scrupule,
Et mit au premier rang le titre d'incrédule.

4) En servant la morale, et la France et le Ciel,
De vos nobles aïeux vous obtiendrez la gloire.

On peut donc servir héroïquement sa Patrie en prêchant, en établissant les principes de la morale : c'est là une vérité sur laquelle tous les sages ont été d'un accord unanime. Tous ont vu que, si l'homme est capable de bien, il est aussi capable de mal. Ce défaut, dit *Platon*, ne vient pas de Dieu; mais il vient de la nature de l'homme qui a été tirée du néant.

Si *Platon* avait pu avoir les opinions et la doctrine du christianisme, il aurait mieux vu, et il eût dit: « Dieu
» voulant laisser à l'homme le mérite de la vertu, n'a
» pas voulu faire de nous une machine qui serait nécessitée à ne produire forcément que des actes vertueux.
» Dieu a donc laissé l'homme libre dans ses déterminations; il lui a donc laissé la liberté de mériter ou de
» démériter. Or, comme il est arrivé à l'homme de ne pas
» user avec sagesse de cette liberté, c'est-à-dire, de s'égarer et de se corrompre en désobéissant à Dieu ; alors,
» pour remédier à ce désordre, Dieu s'est enfin décidé à
» ramener l'homme au devoir par les lois de la morale et
» de la religion :... c'est pourquoi il les a discutées, établies en législateur suprême. D'où il suit que les principes fondamentaux de la morale ne tirent point leur origine de la terre, mais de Dieu seul ; car il n'a pas plus
» appartenu à l'homme dans l'origine des temps d'inventer, de créer les principes de la morale et de la religion, qu'il ne lui a appartenu de créer les rayons du
» soleil. » En un mot, les lois de la morale tiennent tel-

lement à l'essence de Dieu, que lorsqu'il arrive aux hommes, dans leurs faibles législations, de faire quelques bonnes lois, ces lois ne sont bonnes qu'autant qu'elles se rapprochent un peu de ce modèle de justice qui n'est qu'en Dieu seul.

Il serait maintenant bien hardi de dire que l'homme apporte en naissant toutes les lois divines écrites dans son cœur........Disons plutôt que l'homme n'apporte en naissant que ce qu'il a reçu de la sagesse et de la bonté du Créateur ; je veux dire le *sens moral et la conscience*, ou, en d'autres termes, cette faculté innée et divine qui nous dispose à voir la certitude et la beauté des principes de la morale, comme notre œil est organisé et disposé à voir la lumière et à la distinguer des ténèbres. Observons maintenant que si la morale créée par Dieu est l'*objet*, notre sens intime ou la conscience est l'*organe* qui doit le voir et le saisir ; mais, comme il arrive très-souvent à cet organe de s'éloigner de son objet, c'est-à-dire, comme il arrive souvent à l'homme de s'éloigner de la morale, il faut de toute nécessité qu'il existe un agent, un ministre qui puisse rapprocher l'objet de l'organe, ou, si l'on veut bien s'entendre, qui puisse rapprocher la morale de notre conscience.

Or, c'est là sans doute ce qui a porté la Divinité à faire paraître sur la terre les organes de ses lois divines, lois sans lesquelles les peuples de la terre ne seraient plus qu'une cohue de barbares.... D'après cette vérité, on peut soutenir que, plus le sens moral ou la conscience de l'homme s'altère, s'affaiblit et s'éclipse, plus il tombe dans l'état de barbarie; d'où il suit aussi que le peuple le plus civilisé, le plus sociable, est celui chez qui le sens moral est le plus pur et le plus exercé.

Maintenant c'est ici que j'en appelle au bon esprit des jeunes gens qui voudront bien me faire l'honneur de me lire ; et je les supplie d'examiner quel serait l'état des familles, et de cette réunion des familles que l'on appelle état, royaume, nation, si dans leur sein il n'existait pas un sacerdoce, c'est-à-dire une classe d'hommes vénérables dépositaires des opinions morales et religieuses, organisée de manière à en faire sentir la nécessité, la grandeur et les bienfaits. Mais, direz-vous, jadis, chez les nations les plus renommées de la terre, l'enseignement de la morale n'était point confié à un sacerdoce particulier ; le soin de former les hommes à la vertu était abandonné à des sages qui avaient assez de zèle et de lumières pour exercer cet important ministère. Nous conviendrons que l'ancienne philosophie a rendu d'assez grands services à la morale ; nous dirons même que la sagesse purement humaine s'est épuisée surtout dans le *Traité des Devoirs*, de Cicéron, pour tâcher de rendre les hommes vertueux : mais faites-y bien attention ; des hommes qui, sans caractère ni sacré ni public, n'avaient d'autre mission que celle de leur talent, pouvaient-ils avoir sur les esprits une aussi grande influence que celle de ces Ministres dont la mission remonte sans interruption des Pasteurs et des Moralistes de nos jours aux Apôtres, des Apôtres à leur auguste Chef, de Jésus-Christ à Moïse, de Moïse aux Patriarches, au-delà desquels on ne trouve plus que Dieu seul, qui les avait lui-même éclairés sur les lois divines et humaines ?

Observez enfin une autre différence qui est toute en faveur de la prédication évangélique. L'enseignement de la morale, si nécessaire à tous les hommes, n'était accessible chez les anciens qu'à un petit nombre de personnes : il n'était permis qu'à peu de gens de pouvoir entendre *Socrate* dans Athènes, *Platon* à l'Académie, *Cicéron* à Tusculum, *Sénèque* chez Lucilius, *Plutarque* à l'école trajane ; au lieu que le christianisme a ouvert par-tout, dans les bourgs, les villages et les villes, des lycées, des écoles d'une parfaite morale, puisque, tous les dimanches, on y rappelle l'homme à son devoir, c'est-à-dire à l'observation des lois naturelles, des lois révélées, c'est-à-dire des commandemens de Dieu même. Ce grand bienfait, qui n'appartient qu'à la seule religion chrétienne, avait tellement excité l'admiration de

Montesquieu lui-même, qu'il n'a pu s'empêcher de dire dans l'Esprit des Lois, en parlant des célèbres missions du Paraguay, que nous étions redevables à le religion chrétienne de la plus belle et de la plus respectable institution qui fût sur la terre. Quel respect, d'après cela, tout homme solidement éclairé ne doit-il pas avoir pour le ministère des *Bossuet*, des *Bourdaloue*, des *Massillon* et des *Bridaine!*

Louis XIV, qui assurément n'était pas un roi vulgaire, apprenait hautement par son exemple tout ce que nous devons de respect à cet auguste ministère. Ce prince, qui croyait devoir à la majesté du rang suprême de ne se lever devant personne, pas même devant le dauphin de France, se levait cependant lorsqu'on lui présentait l'orateur chrétien qui devait prêcher devant lui l'Avent et le Carême dans sa chapelle de Versailles. On peut croire, d'après cela, que ce monarque avait été un peu mieux élevé que ceux qui s'oublieraient au point de troubler le ministère des prédicateurs évangéliques, quand ils publient pour le bon ordre des sociétés ce que l'on ne saurait par conséquent ni trop vénérer ni trop bien entendre.

FIN.

www.ingramcontent.com/pod-product-compliance
Lightning Source LLC
Chambersburg PA
CBHW060629050426
42451CB00012B/2504